Félix Bellamy

Avalon, l'île des fées

Copyright © 2022 by Culturea
Édition : Culturea 34980 (Hérault)
Impression : BOD - In de Tarpen 42, Norderstedt (Allemagne)
ISBN : 9782382747353
Dépôt légal : août 2022

L'ÎLE D'AVALON

I. Avalon l'île des Fées. Description : Geoffroi de Monmouth, Usserius, Renoart porté par les Fées en Avalon. – II. Ogier le Danois dans l'île d'Avalon. – III. Bonheur imparfait. – IV. Où trouver Avalon ? – V. Allez à Glastonbury. – VI. L'île mythique.

Appendices. – A. *Insula Fortunata.* – B. Usserius : *Insula Avalonia.* – C. *Le Roman d'Ogier.* – D. L'île de Céphalonie. – E. Giraldus : *Glastonia.* – F. *De illustri Arthuro.*

I

Les Dames Fées, comme on disait avec grand respect, ou bien encore les bonnes dames (Jean d'Arras), au temps de leur mission sur la terre, aux temps où elles favorisaient de leur présence les pays hospitaliers des races celtiques, les Fées ne résidaient pas partout indifféremment ; encore leur fallait-il des sites conformes à leurs goûts. Le roman de Brun de la Montagne nous indiquera plus loin les Lieux-Fées, comme on disait, les plus en renom.

L'un des plus accrédités était en Bréchéliant, aux alentours de notre fontaine de Bérenton. Ce n'était pas sans quelque terreur que les croyants abordaient ce sanctuaire. Hélas ! il n'est que trop aisé maintenant d'arriver à Bérenton et au Val des Fées ; ce qu'on appelle la civilisation s'y installe par degrés pour détériorer et pervertir la nature ; car tout bien vient de Dieu, et tout mal vient de l'homme, a dit quelque part Henri Heine.

Mais, si ce n'est les Fées elles-mêmes qui savent tout, qui pourra jamais nous apprendre, et qui a jamais su dans quel recoin des mers se cachait l'île mystérieuse d'Avalon, cette île où revivent les morts[1], cette demeure enchantée d'un innombrable essaim de Fées ; la terre embaumée aux pommiers toujours fleuris[2], l'île Fortunée, le royaume des Fées, où préside l'habile Morgen ? C'est là que règne le roi Artur, devenu le roi des Fées, depuis que, blessé à Camblan, elles l'ont enlevé au monde matériel et visible. En cet asile favorisé d'où sont exclus les regrets et les noirs soucis, où l'on ne connaît que la joie et le bonheur, où l'on se repose dans le calme d'une inaltérable félicité, quelques privilégiés seuls parmi les humains : Ogier le Danois, Renoart, Obéron, Malambrun, qui fut un *Luyton* des mers[3], ont mérité d'être conduits par les Fées elles-mêmes, et s'ils ont été restitués ensuite à la terre des hommes et à leur condition première, ils n'ont pu que dépeindre une image terne et voilée de leur bonheur ; mais la route, ils n'ont pu l'enseigner. Le naufragé que le flot y jette presque mourant est ramené à la vie par le soin des nymphes médicinatrices. Admis à partager leur immortalité par

---

[1] H. MARTIN, *Hist. de Fr.,* t. I, 1855, p. 472.
[2] Avallon dérive, dit-on, de Avalen, Aval, pommier en breton armoricain, Afallon, Afal, gallois. L'île d'Avallon est souvent désignée sous le nom d'Ile des Pommiers, Inis Afallon. – On a aussi donné cette autre étymologie peu vraisemblable : Inis Ochen, Inis Owenn, Ile aux bœufs.
[3] Luyton, sorte de génie.

un charme qu'il n'a ni le pouvoir ni le désir de rompre, il perd le souvenir de son ancienne condition et celui de la terre des larmes.

Geoffroy de Monmouth, au XIIᵉ siècle, a composé en vers latins la vie de Merlin le Calédonien. Voici la description qu'il fait de l'Île Fortunée, par la bouche de Merlin : le barde y était allé conduire Arthur blessé, il pouvait donc raconter les merveilles qu'il avait entrevues.

« L'Île des Pommiers, qui est appelée l'île Fortunée, tire son nom de ce qu'elle produit tout d'elle-même. Elle n'a pas besoin que le cultivateur y trace des sillons : nulle autre culture que celle qu'opère la nature ; d'elle-même elle porte abondamment moissons et vignes. Les fruits naissent en ses bois par une germination précoce, la terre produit tout, donnant d'elle-même à profusion, après une verdure, une verdure nouvelle.

« Là, on vit cent ans et plus et, par une douce loi, les neuf sœurs accordent ce privilège à ceux qui de nos contrées viennent à elles. Celle qui tient le premier rang excelle dans l'art de guérir et l'emporte sur ses sœurs par la beauté.

« Son nom est Morgen [4], elle connaît les vertus des plantes pour guérir les maladies ; elle sait l'art de changer de forme. Comme Dédale, elle traverse les airs en volant ; quand elle veut, elle se trouve à Brest, à Chartres, à Pavie ; quand elle veut, elle descend du haut des airs sur nos rives. Elle a enseigné, dit-on, les arts à ses sœurs Moronoé, Mazoé, Gliten, Glitonea, Gliton, Tyronoé, Thiten, Thiten que sa harpe a rendue célèbre.

« C'est là qu'après la bataille de Camblan, nous avons mené Arthur blessé. Barinthe nous dirigeait, Barinthe, à qui les mers sont connues et les astres du ciel. Conduits par un tel pilote, nous y abordâmes avec le roi, Morgen nous accueillit avec honneur. Elle déposa le roi dans son palais sur un lit d'or ; avec décence et respect, elle découvre la blessure, et l'ayant soigneusement examinée, elle dit qu'elle pourrait la guérir si le roi restait longtemps avec elle, et voulait exécuter ses remèdes. Pleins de joie, nous lui confiâmes le roi, et un vent favorable gonfla nos voiles au retour [5] ».

Ces Fées d'Avalon, dont Geoffroi de Monmouth nous cite les noms, comptées et bien recomptées, ne sont qu'au nombre de huit, y compris Morgen elle-même, car Thiten et « Cithara notissima Thiten » ne font qu'une, j'imagine ; et cependant, le poète, quelques vers plus haut, a dit : *novem sonores,* les neuf sœurs.

---

[4] Morgen ou Morgan, de *mor* mer, c'est-à-dire née de la Mer. (MIORCEC DE KERDANET, *Écrivains de la Bret.,* 1818, p. 1.) – Selon d'autres, Blancheur de la mer, Génie de la mer. (A. MAURY, *Les Fées au moyen âge,* rééd. arbredor.com, 2007.)
[5] Voir le texte *Appendice A.*

L'une d'elles a été oubliée apparemment à l'appel de leur nom. Acceptons donc qu'elles étaient au nombre de neuf, elles doivent être au nombre de neuf, c'est le nombre absolument parfait. Il est rare, d'ailleurs, que les divinités ne soient pas en nombre impair.

Ce nombre neuf doit avoir quelque attribut mystique, car on trouve plusieurs fois cette association de neuf divinités. Sans compter les neuf muses classiques, n'y avait-il pas neuf druidesses ou Korrigans à l'île de Sein, neuf druidesses au Mont-Saint-Michel, neuf Fées à l'ancienne Kerloiou (Glocester), où elles veillaient à la garde des eaux thermales de cette ville, neuf fées à l'île d'Avalon ? Je m'étonnerais bien qu'il n'y eût pas d'autres neuvaines de ce genre. – La cosmogonie scandinave connaît neuf mondes et neuf cieux [6]. Neuf vierges qui étaient sœurs mirent au monde Heimdall, l'Ase blanc, le dieu saint et puissant aux dents d'or, etc. [7]

Il n'y a donc pas lieu d'arguer de distraction M. Henri Martin lorsqu'il dit :

« Arthur n'est pas mort, il ne mourra pas ; *neuf* fées le gardent dans l'île sainte d'Avalon, d'où il reviendra venger son peuple, ses deux Bretagnes. Les neuf fées bienfaisantes du *Brut* et de la *Vita Merlini* ne sont autres que les neuf vierges de Sein [8]. »

Usserius (Usher), archevêque d'Armagh, en Irlande (1580-1655), a donné une description en vers de l'Ile d'Avalon. Elle est ainsi conçue :

« Cette île, digne de mémoire, est entourée par l'Océan ; elle n'est privée d'aucun bien ; là, ni voleur, ni brigand, ni ennemi qui cherchent à vous surprendre, ni tempête, ni froidure, ni chaleur excessive ne sévissent ; là, toujours paix et concorde, là, persiste en toute sa jeunesse un éternel printemps ; les fleurs, lys, roses, violettes, n'y manquent point, sous le même feuillage l'arbre porte fleurs et fruits ; jouvenceaux et jeunes filles sont ensemble sans jamais s'offenser ; point de vieillesse, point de dures maladies, point de souffrance ; tout est plein de joie ; rien n'est à quelqu'un, tout est commun.

« Une vierge royale préside à tout en ces lieux, escortée de belles jouvencelles dont elle est la plus belle, nymphe au gracieux visage, issue de noble origine, prévoyante au conseil, sans égale dans l'art de la médecine. C'est là qu'Arthur se transporta dès qu'il eut laissé le diadème du royaume et qu'il eut désigné le roi son successeur, l'an 542 après l'incarnation du fils conçu sans tache. Grièvement blessé, Arthur vint à la cour de la reine d'Avalon ; la vierge royale traita sa bles-

---

[6] *Edda*, Prophétie de Wola la Savante. Stance 2.
[7] *Edda*, Entretien de Gylfe, chap. XXVII.
[8] *Hist. de France*, t. III, p. 360, 4e éd.

sure, et l'ayant guéri, elle le retint pour elle seule, et ils vivent ensemble, s'il est permis de le croire[9]. »

On trouve dans le roman de Guillaume au Court Nez, une autre description d'Avalon.

Trois Fées blanches com fleurs de lys se promènent sur le bord de la mer, elles rencontrent Renoart (Renouart) endormi sur le sable.

> Les fées viennent vers Renoart errant (aussitôt),
> Renouart voient sur la rive dormant ;
> Dit l'une à l'autre : or allons bellement
> Voir Renoart, trouvé l'avons dormant,
> Le plus hardi et le mieux combattant
> Qui jamais fut en ce siècle vivant :
> Car l'emportons, trestout esbanoiant,
> À Avalon notre cité vaillant :
> Cent lieues est outre la mer qui fent,
> Là soit o nous, s'il veut, tout son vivant.
> Avec Artus et avec Rollant,
> Avec Gauvain et avec Yvant ;
> La gent faëe est là demeurant,
> Là sera en joie, s'il veut, tout son vivant.
>
> Les fées prennent Renoart au sablon ;
> Dit l'une à l'autre : dites quel le ferons.
> Son armure autrement changerons.
> Les autres dirent : Dieu bénissons.
> Sa massue font changer en un faucon
> Et son haubert en un esmerillon,
> Et son vert heaume en un breton
> Qui doucement harpe le lai Gramon ;
> Et de l'épée refirent un garçon,
> Et l'envoyèrent tout droit à Avalon.
>
> S'en vont les dames devisant à bandon,
> Renoart portent par grant enchantoison,
> Et ne s'arrêtèrent jusque à Avalon,

---

[9] Voir le texte *Appendice B.*

Le roi Artur trouvèrent au donjon,
Avec lui Rolland, neveu du roi Challon,
La gent faée était environ.
Voilà les fées qui crient à haut ton :
Oiez Artus, et vous seigneurs barons,

Faites grand joie en tout, et environ ;
Nous apportons le meilleur champion
Qui jamais fat en fable, ni en chanson :
C'est Renouart qui cœur a de lion ;
Morgue, ma dame, et sa sœur Marrion
Le prirent quand il dormait au sablon ;
Artus l'entend, qui joyeux se lui non,
Encontre vont en grand procession,
Fées y chantent doucement, à clair ton,
Si doucement que ne peut l'ouir hom
Sans s'endormir, qu'il voulut ou non.

Avalon est moult riche et assazée,
Jamais si riche cité ne fut fondée ;
Les murs en sont d'une .grande pierre lée,
Il n'est nul hom, tant ait la chair blessée
Si à cette pierre pouvait faire adhésée,
Qu'elle ne fut tout aussitôt sanée ;
Toujours reluit comme fournaise embrasée.
Chacune porte est d'ivoire planée,
La maître tour était si compassée
Qu'il n'y avait pierre qui ne fut en or fondée.
Cinq cents fenestrés y closent la vesprée
Que jamais de fust n'y eut une denrée,
Il n'y eut ais saillie, ni dorée
Qui de vernis ne soit faite et ouvrée,
Et en chascune une pierre fondée
Une esmeraude, une grand topaze lée,
Beril, jagonce ou sardoine épurée,
La couverture est en or travaillée
Sur un pomel est l'aigle d'or posée,
En son bec tient une pierre éprouvée,

Hom s'il la voit ou soir ou matinée
Depuis ce jour riens ne lui est refusée,
Tout ce qu'il demande lui est lors apporté.
Là converse la gent qui est faée,
Quand ils ouirent du baron la renommée
Encontre vont, grand joie en ont menée
Porté l'en ont en la salle pavée.

Ensuite Renouart, par ordre d'Artus, est obligé de se battre contre un monstre enchanté nommé Kapalu. Renouart, dans la lutte, renverse Kapalu et roule avec lui par terre. Mais le monstre qui sait comment il pourra reprendre sa forme d'homme, saisit le moment où la plante des pieds de Renouart ne pose plus sur terre, il lui fait au talon une blessure, et en suce le sang. Aussitôt l'enchantement cesse, Kapalu reprend sa forme d'homme et devient un beau chevalier. Les deux combattants s'embrassent alors en grande joie.

Lors vinrent fées et chevaliers faé,
Renoart ont hautement salué,
Les fées l'ont doucement désarmé
Et puis l'ont au haut du palais mené.

Le roi Artus s'avance à sa rencontre. Tous sont remplis de joie ; les Fées apportent une aiguière pour le laver. Puis le festin est servi, après qu'on eut bien bu et bien mangé, on enlève nappes et tables.

Alors, Renouart s'enquiert d'avec Artus de cette gent parmi laquelle il s'est trouvé transporté.

— Je vais vous le dire, lui répond Artus. D'abord,

Je suis Artus dont l'on a tant parlé,
Renouart mon frère, voilà la gent faé,
Qui sont du siècle venus et trespassé.

Voici Rolland, cet autre est Gauvain et son compagnon Yvain ; à côté voilà Perceval. Et cette belle, au visage coloré, c'est Morgue, où résident tant d'attraits.

— Que je voudrais l'avoir à mes côtés ! dit Renouart.

Artus à ces mots l'embrasse.

— Frère Renouart, dit-il, m'en sauriez-vous bon gré ?

— Oui, par la foi qu'à Dieu je dois, répond Renouart.

—À votre volonté donc, dit Artus[10].

Cette description de l'île d'Avalon, de même que toute cette aventure de Renouart, ne sont pas sans présenter quelques points de ressemblance avec ce que nous allons lire maintenant dans le roman d'Ogier le Danois.

---

[10] Extrait du roman de Guillaume au Court Nez. – D'après le Livre *des Légendes* de Le Roux De Lincy, 1836, p. 248. – *Histoire littéraire de la France*, t. XXII (1852), p. 529. Notice sur Rainouart, par M. Fauriel.

II

Ogier chez Morgue la Fée, reine d'Avalon

Le récit qui vient ci-dessous et qui est transcrit du célèbre roman d'Ogier le Danois, raconte comment le preux Ogier, perdu dans une mer inconnue et sur le point de périr, trouva son salut dans l'île d'Avalon, royaume de Morgue la Fée ; comment il y fut reçu par la reine des Fées ; comment il y passa de longues années sans que le temps lui semblât s'écouler, et autres choses merveilleuses.

Comment Ogier et le roi Caraheu departirent
de Babylone cuydant retourner tous en Ynde la Majeure,
mais la tempeste les departit.

… Ogier était en péril de mer. Adonc le grand bateau où estoient bien sept cents hommes rencontra une grande roche, et il (Ogier) vit devant soy périr toutes ses gens, dont il fut très douloureux ; et bientôt après une grande roche d'aimant sentit le fer du bateau (qui portait Ogier) et le commença à tirer à soy. Alors commença à congnoistre que tout alloit mal, et se recommanda à Dieu…

Tant le bateau nagea sur mer qu'il arriva près du chasteau d'Aymant qu'on nomme le chasteau d'Avalon qui n'est guère deça, paradis terrestre, là où furent ravis en une raye de feu Hélie et Enoch, et là où estoit Morgue la Fée qui à sa naissance lui avait donné de grans dons de noblesse et vertueux.

Adonc les mariniers entendirent bien qu'ils approchaient de la roche d'Aymant, si dirent à Ogier :

— Mon très cher Seigneur, recommandez-vous à Dieu, car pour certain à ceste heure, sommes-nous arrêtés.

Et à ces paroles le basteau par moult grand effort se vint attacher à la roche comme s'il fut cimenté dessus. Or avait-il songé, la nuit de devant, l'adventure qui lui estoit advenue, mais il ne savait bonnement que ce pouvait être.

Et les mariniers dirent à Ogier :

—Seigneur, nous sommes cy demeurés, il n'y a remède, et pour ce gardons nos vivres, car nous sommes cy pour le demeurant de notre vie.

—Adonc, dit Ogier, puisque ainsi est, je veux mettre police en notre cas, car je veux donner à chacun sa part, autant au moindre comme au grand.

Si en retint Ogier pour deux, car c'est l'ordonnance de la mer ; et quand l'ordonnance de la mer ne serait telle, si luy en appartenait-il bien autant qu'à deux sans leur faire nul tort, car pour bien le réfectionner il en eust bien autant mangé comme six pour la grandeur de son corps.

Et quand il eut livré la part à ung chacun, il dit :

—Seigneurs, je vous dirai épargnez vos vivres comme vous voudrez, mais ainsi comme les vivres vous fauldront, soyez assurés que ceux à qui les vivres fauldront que moi mesme les jetterai à la mer…

Les vivres faillirent à tous les uns après les autres, et Ogier les jeta à la mer et n'y demeura que lui. Adonc se trouva si esbahi qu'il ne savait que faire…

Et il lui vint une voix qui lui dit tout haut :

—Dieu te mande que sitôt qu'il sera nuit que tu t'en ailles en ung château, tant que tu sois en une île que tu trouveras. Et quand tu seras en l'île, tu trouveras une petite sente, et des choses que tu vois céans ne t'esbahis de rien.

Et adonc Ogier regarda, mais il ne vit point celui qui lui parlait.

Or est Ogier attendant la nuit pour savoir la vérité de ce que la voix lui avait annoncé. Et de faict était moult esbahi et ne savait pas qu'il devait faire, sinon se mettre à l'adventure. Et quand la nuit fut venue, il se recommanda à Dieu, le priant qu'il eut merci de lui. Et tantost advisa le chasteau d'Avalon qui reluisait à merveille ; et plusieurs nuits l'avait vu, mais de jour ne le povait voir. Toutefois, sitost qu'il l'advisa, il se mit sus pour aller au dict château, et print hardiesse et courage, et advisa tant de grands navires qui estoient attachés à cette roche d'aymant. Si passa de navire en navire tant qu'il gagna la dicte île, et tantost il saillit de l'île par une sente qu'il trouva, et quand il fut à la porte et qu'il y cuyda entrer, trouva deux grands lyons qui l'arrêtèrent et le jetèrent par terre, mais il se releva soudainement, et prit son espée Courtain et en coupa ung tout en travers ; et l'autre le vint empoigner par le collet, et Ogier se retourna et lui coupa la teste. Ainsi furent les deux lions mis à mort par Ogier.

Quand Ogier eut ce fait, il rendit grâces à Notre-Seigneur, puis entra dedans et trova une grande salle où il y avait à boire et à manger ; et était la table, mise comme s'il y devait dîner aucuns princes ou grands seigneurs. Si était moult émerveillé de ce qu'il ne trova céans personne du monde, sinon ung cheval qui était assis à la table et faisait contenance comme une personne. Si ne savait Ogier ce qu'il devait faire, car il n'y avait homme ni femme à qui il se put conseiller. Et ainsi comme était par la salle tout pensif, néanmoins il voulut laver ses mains. Mais incontinent quand le cheval vit qu'il voulait laver ses mains, il se leva, et quand il fut levé il s'agenouilla devant Ogier et lui donna de l'eau ; puis il s'en retourna en son siège, et hennissait et faisait à Ogier signe du pied qu'il se mît à table. Nonobstant, Ogier n'entendait pas les signes que faisait le dit cheval, mais il dit à soi-même, quoiqu'il en advienne, je souperai céans. Alors dit Ogier en cette manière :

— Cheval, je ne sais qui tu es, mais quelque chose que tu saches faire, si me garderas-tu pas que je ne soupe à mon aise.

Et quand il fut assis à la table, le cheval se leva et s'agenouilla devant lui, et quand il voulut boire, il alla chercher un riche pot, tout de fin or, et donna à Ogier du meilleur vin que jamais il avait bu. Si soupa à son aise. Et quand il eut bien soupé, il fut plus esbahi que par devant, et ainsi qu'il saillit de table il dit à soi-même :

— Mère de Dieu, que deviendrai-je, moi triste et dolent et où est celui que je pourrai trover pour me conseiller. Si congnais bien que ce n'est rien d'un homme seul.

Et en disant ces paroles, il ouvrit une des fenêtres de la salle pour voir s'il verrait maison ne autre lieu prochain où put être recueilli, car céans n'y avait ni lit ni couche ; si advisa que tout entour la mer estoit, et n'y avait autre lieu fors celui-là. Si fut plus esbahi qu'auparavant, si tourna decà delà pour voir qu'il pourroit faire, mais il ne trouva remède que de coucher et passer la nuit en la salle, et qui lui faisait pis pour ce qu'il n'avait point de compagnie pour son gîte. Et quand il eut tourné et viré assez, le cheval qui nommé estoit Papillon revint devers lui, hennissant et sagenouillant devant lui, et par plusieurs fois se coucha devant lui. Et quand Ogier le Danois entendit qu'il voulait qu'il montât dessus, il en fut en propos, et songea et pesa bien longtemps s'il entreprendrait la hardiesse ou non. Mais il considéra qu'il l'avait familièrement servi à son souper, et si se pensa qu'il ne lui ferait nul mal. Adonc Ogier fit le signe de la croix et monta dessus, et quand il fut dessus, le cheval regivait et saillait de grant joie qu'il avait. Si saillit de la salle, et le mena en une très belle chambre si très richement parée et aornée que onques n'avait vu la pareille, et le lit si bien accoutré que c'était une grant merveille, car le châlit était de fin ivoire fait en imagerie qui était chose moult plaisante à voir. La couverture de dessus était d'un beau drap d'or fourré de belles martres, et l'ouvrage de la dicte couverture faite de fée, la plus mignonne chose qui fut jamais regardée d'œil et sur les quatre pommeaux du dict châlit étaient quatre cierges ardants toute la nuit.

Là coucha Ogier toute la nuit, mais ce ne fut pas sans penser au cheval Papillon, lequel estoit Luyton [11] et aussi avait esté un grand prince, mais le roi Artus le conquist, si fut condamné à être trois cents ans sans parler un seul mot, mais après les trois cents ans il devait avoir la couronne de joie de laquelle ils usaient en faierie.

Si estoit Ogier couché au lit précieux à son aise, mais il ne lui estoit point possible de reposer sûrement, car il ne savoit où il estoit ni qu'il devait devenir. Si pensoit si profondément que somme l'accueillit et reposa tout à son aise. Et le matin, quand le soleil fut levé, il se leva, et quand il fut levé il cuida trouver le cheval Papillon, mais il ne trouva homme ni femme qui lui sut montrer la porte par où il devait saillir. Si advisa une porte, et en faisant le signe de la croix voulut passer par là ; mais ainsi qu'il voulut saillir, il rencontra un serpent si terrible et si hideux qu'il estoit chose estrange à regarder. Si fust sailli sur Ogier, si n'eust esté qu'il tira son épée soudainement, si qu'il le fit reculer en arrière plus de dix pieds. Si retourna de rechef, car il estoit grand, gros et puissant, et se combattirent ensemble longuement. Et quand Ogier vit qu'il le poursuivait tant, il lui donna si grand revers de son épée qu'il le mit en deux pièces. Si suivit une petite sente qui le mena à un jardin tant beau que c'estoit un petit paradis à voir, et céans avoit de beaux arbres portant fruits de toutes sortes et de saveur tous différents, et de senteur tous si bien odorants que oncques baume n'eut meilleure odeur qu'ils avaient, et si en avaient largement.

Ogier voyant les dicts fruits si bien assaisonnés regarda l'arbre et voulut manger du fruit. Et quand il eut été un peu là dedans, il choisit un pommier dont les pommes estoient comme d'or. Si en prit une et la mangea, et sitôt qu'il l'eut mangée, il devint très malade et abattu, si qu'il n'avait plus puissance ni vertu. Lors quand il fut ainsi malade, il ne sut autre chose faire sinon rendre grâce à Dieu et se mettre en bonne disposition et en bon estat, et avoir repentance et bonne contrition de ses péchés, regrettant le bon pays de France, et principalement la royne d'Angleterre, sa bonne épouse, laquelle il avoit laissée pour complaire à Nostre-Seigneur Jésus-Christ et exaulcer la saincte foy. Semblablement regrettait son noble frère Guyon, et son bon nepveu Gaultier qu'il avoit laissé roi de Hiérusalem et de Babylone ; et la dame Clarice, fille du roy Moysant, femme de son nepveu Gaultier ; et aussi son frère d'armes, le noble roi Caraheu, qu'il avoit nommé en le baptisant au Caire, et la dame Gloriande sa femme et bonne

---

[11] Une sorte de génie doués d'un pouvoir surnaturel.

amie ; et aussi le roy Moysant qui avoit esté avec lui en prison en la tour Babel ; et aussi le roi Florion, son fils, qui tous deux estoient bons chrestiens.

Mais encore estoit plus dolent de ce qu'il n'avait personne qui lui donnât réconfort ni aucune consolation, si cuidait demeurer là seul à mourir en cette place. Mais à celle heure en se retournant advisa une moult belle dame vêtue de blanc, si bien et si richement aornée que c'était un triomphe de la voir.

Quand Ogier l'eut beaucoup advisée sans soi bouger de la place, il cuidait en effet que ce fut la Vierge Marie, dont il fut très grandement consolé de la regarder, si dist hautement :

— Ave Maria, et la salua très humblement.

Et elle lui dit :

— Ogier le Danois, ne cuidez pas que je sois celle que vous pensez, mais je suis celle qui fut à votre naissance, nommée Morgue la Fée, et vous destinai un don lequel exaulcera votre renommée par toutes terres perdurablement. Et vous ai longuement laissé faire vos vaillances en guerre et prendre vos soulas avec les dames. Depuis que je vous tiens par decà je vous menerai à Avalon, là où vous verrez la plus belle noblesse du monde, et là vous esbattrez à faire passer le temps aux dames. Et moi première devant votre baptême, je vous baisai en la bouche en vous retenant pour mon loyal amoureux, combien que depuis ne vous soit point souvenu de moi, je ne me suis point trop esbahie. Si vueil, puisque je vous tiens près de moi, mener et entretenir, les dames.

– Haa ! dist Ogier, ce n'est pas viande qu'il faille à ung malade que d'entretenir les dames, il a bien mestier d'autre confort.

— Et ne vous chaille, se dit Morgue, vous passerez votre mal, si malade que vous êtes, à voir la noblesse que je vous montrerai.

— Las ! Dame, ayez pitié de moi, car je vous promets en bonne foi que je ne suis pas, à mon aise.

— Je vous y mettrai, dit Morgue.

Lors s'approcha de Ogier et lui donna ung anneau qui avait telle vertu que Ogier, qui estoit environ de l'âge de cent ans, retourna en l'âge de trente ans. Si lui dit Ogier :

— Madame et ma très honorée princesse, or suis-je le plus tenu à vous qu'à personne du monde. Que benoîte soit l'heure où vous fûtes née, car sans vous l'avoir mérité ni desservi, vous m'avez donné des trésors innumérables et spécialement cestuy. Haa ! Dame, que ne suis-je présent devant Charlemagne afin qu'il vit l'état en quoi je suis pour le présent, car je me congnais en plus grande force que je ne fus jamais. Las ! mignonne, comment vous pourrai-je rendre l'honneur, et le bien et le service que vous m'avez faits, mais je vous promets que je suis à vous tous les jours de ma vie, car je ne vous saurais desservir le don que vous m'avez fait.

Adonc Morgue le prit par la main et lui dit :

— Mon très loyal ami et le refuge de tous mes plaisirs, je vous vueil mener en mon palais dedans Avalon, et là vous trouverez la plus grant noblesse que vous vîtes oncques, et trouverez des plus triomphantes dames qu'on saurait trouver en toutes les parties du monde.

Adonc le mena par la main au chasteau d'Avalon, là où estoit le roy Artus et le roy Auberon, et Malambrun, un luyton de mer.

Quand Morgue approcha du chasteau, les Faées vinrent au-devant de Ogier chantant le plus mélodieusement qu'on saurait jamais ouïr, puis entra dedans la salle pour soi déduire totalement. Adonc vit plusieurs dames Faées aornées et toutes couronnées somptueusement, et le long du jour chantant, dansant et menant joyeuse vie, sans penser à quelque chose sauf à prendre leurs mondains plaisirs.

Et ainsi que Ogier se déduisait avec les dames, tantost arriva le roi Artus auquel Morgue la Fée dit :

– Approchez-vous, monseigneur mon frère, et venez saluer la fleur de toute chevalerie, j'honneur de toute la noblesse de France, celui où bonté, loyauté et toute vertu est enclose, c'est Ogier de Danemarck, mon loyal ami et mon seul plaisir, et auquel gît toute l'espérance de ma liesse.

Adonc le roi vint embrasser Ogier très aimablement en disant :

— Ogier, très noble chevalier, vous soyez le très bien venu, et regracie très grandement Notre-Seigneur de ce qu'il m'a envoyé un si notable chevalier.

Si le fit seoir incontinent au siège de macharpar en grant honneur, dont il remercia le roy Artus très grandement.

Puis Morgue la Fée lui mit une couronne dessus son chef, moult riche et précieuse, si que nul vivant ne la saurait priser nullement. Et avec ce qu'elle estoit riche, elle avait en elle une vertu merveilleuse, car tout homme qui la portait sur son chef, il oubliait tout deuil, mélancolie et tristesse, ne jamais ne lui souvenait de pays ni de parents qu'il eut, car tant qu'elle fut sur son chef n'eut pensement quelconque, ne de la dame Clarice, ne de Gyron son frère, ne de son neveu Gaultier, ne de créature qui fut en vie, car tout fut mis lors en oubli. Il faut bien dire que ce fut chose merveilleuse, car jamais homme n'avait vu la pareille ; tant de richesse et de vertu, dont il se trouva moult grandement esbahi et joyeux, si que ung an ne lui durait pas ung mois.

Adonc lui dit le roy Artus :

— Or cà, Ogier, que vous semble de notre logis ? Vous n'êtes pas si bien reçu que chez le roi Charlemagne que vous prisez tant, ne que chez vous, mais vous prendrez en gré, s'il vous plaît.

—Haa ! dit Ogier, puisqu'il a plu à Madame votre sœur de me donner si bon recueillie, ne voudrai-je pas mieux souhaiter, sinon d'être en Paradis, car, la merci d'elle, elle m'a fait tant de biens que jamais ne les lui saurais rendre. Mais touchant mon corps, sire roi, il est à vous, commandez et je ferai tout ce qu'il vous plaira commander.

Lors le roy Artus l'en remercia grandement. Or estoit le dict roy Artus en grand débat avec le roy des Luytons, et le voulait jetter le roy Capalin, roy des dicts Luytons, hors du chasteau de Faérie. Si vinrent plusieurs assaillir le dit château et si âprement qu'ils gaignèrent la basse-cour. Adonc se prinrent à crier :

—Où es-tu, roy Artus ? je te défie corps à corps.

Quand Ogier l'ouït, si fut tout eschauffé et demanda ce que povait être et qui parlait de si étrange facon, car il n'a pas parole d'homme, dit Ogier. Le roy Artus lui dit tout plainement :

—Ogier, mon ami, je vous conterai toute la vérité. Je vous dis que le roi des Luytons a envie sur moi, et trouverait volontiers la manière de me jeter hors de ce chasteau qui tant est noble et plaisant et gracieux, comme vous pouvez congnoître, car je sais bien que en l'universel monde il faudrait bien à trouver le pareil, car se le plus grand roi du monde demeurait céans, il aurait bien à se contenter.

—Vraiment, sire, vous dictes vérité, dist Ogier.

—Et pour la cause le roy Capalin et les dicts Luytons, que je vous ai dict comme envieux de ma prospérité, se sont plusieurs fois efforcés, et efforcent encore de jour en jour, pour prendre le dict chasteau d'assaut et me jeter dehors. Pourquoi vous les voyez maintenant ainsi m'assaillir, et ont gaigné la basse-cour et sont envieux contre moi et ma sœur ; car s'ils nous pouvaient conquérir, leur pénitence serait absolue. Mais incontinent que leur faisons quelque avantage, ils ne tâchent qu'à nous défaire, car ils deviennent si fiers que c'est merveilleux. Et vous promets que puis un peu de temps en çà, l'ung d'eux m'a donné tant d'affaire que c'était merveilleuse chose. Mais pour la peine qu'il me donna je lui ai bien chère vendue, car pour sa peine il sera trois cents ans cheval sans parler un seul mot ; et après trois cents ans, on lui baillera la couronne telle comme vous l'avez eue.

Si fut Ogier moult esbahi et dit à soi-même :

—Hee ! glorieuse Mère de Dieu, où me suis-je arrivé ? Je ne congnais rien en ceci comme ce peut faire.

Si demanda adonc au roi Artus où était le cheval qui devait être tant de temps sans muer sa semblance.

Le roi Artus dit qu'il était au château d'Aymant, et toujours y séjourne là, et jamais il ne parlera se je ne le souhaicte ; et a à manger à son plaisir et à boire aussi, et vous pouvez bien le avoir vu, car vous avez passé par dedans.

Or le roi Artus se print à souhaiter Papillon, lequel vint incontinent et pour l'amour d'Ogier fit très belle entrée.

Adonc Ogier requist humblement au roy Artus qu'il lui donnât licence de soi combattre à Capalin, laquelle chose le roy lui octroya. Adone Ogier se fit armer honorablement de ses armes, puis ceignit Courtain son espée et se recommanda à Notre-Seigneur Jésus-Christ, puis saillit dehors où il trouva Capalin qui se apparut à lui en signe d'un grand chevalier. Lors Capalin demanda à Ogier d'où il estoit et son nom. Lors lui dit Ogier :

— Je suis des parties de France, des ducs de Danemarche.

Après toutes ces paroles, Ogier lui dit :

— Rends-toi, chevalier, au roi Artus, ou de la vie n'est plus rien, à cette fois ne peux échapper.

Adonc lui dit Capalin :

— Je ne me rendrai point au roi Artus, mais je me rendrai à toi, car meilleur compaignon que toi ne saurais trouver en ce monde.

Adonc Capalin bailla son espée à Ogier, lequel la print très volontiers. Si le print Ogier par la main et le mena en la grant salle du chasteau devant le roy Artus, et le livra à sa dame Morgue la Faée, la sœur du dict roi Artus, et à toutes les dames, dont le dict roy et Morgue et toutes les autres dames en remercièrent grandement Ogier. Mais premier il requist au roy Artus que Capalin ne muât jamais face de chevalier, et à cela s'accorda le roy Artus, et tantost se fist baptiser et fut converti à Notre-Seigneur Jésus-Christ, dont léans fut demené si très grant joye et merveilles, et lui posèrent sur le chef une pareille couronne que celle d'Ogier, et s'entre aimèrent si loyalement Ogier et lui que ce fut merveille. Si furent léans non pensans à chose du monde, fors d'écouter les sons des instruments sonnants si doucement, qu'il n'estoit si dur cœur qui n'oubliât tout dueil, tristesse et mélancolie, car c'estoit un lieu si délectable qu'il n'estoit possible à homme de souhaicter chose qu'il ne trouvast. Et pensez que Ogier fut si esbahi qu'il ne savait qu'il devait faire ne dire, sinon qu'il cuydait mieux estre en paradis qu'en nulle autre région.

Comment, durant le temps que Ogier le Danois fut en Faérie, la cité de
Hierusalem fut attaquée.

Durant ces choses, Ogier estoit au chasteau d'Avalon où il avait oublié tous
ses parents et amis, et au bout de longtemps Morgue la Faée et lui engendrèrent
ung enfant qui eut nom Murmurin, lequel fut vaillant homme et fut du temps
de Hugues Capet, roi de France. Morgue la Faée voyant que ja assez longtemps,
l'avait léans tenu, et qu'il estoit bien hâte qu'il allast en France, si lui osta la couronne. Adonc lui souvint de Charlemagne et de ses amis ; si ne cesse jusqu'à ce
qu'il eut congé de Morgue et du roy Artus.

Et quand Morgue entendit Ogier, elle se print très fort à rire et lui dit :

— Ogier, que me demandez-vous ?

— Las ! Dame, je vous voudrais bien prier au nom de Jésus-Christ, que vous
plust me donner congé et licence que je peusse en brief retourner en France,
pour voir le roi Charlemagne et tous les princes de France ensemble, Clarice ma
femme reine d'Angleterre, et tous nos amis et parents.

— Or çà, Ogier, dit Morgue, que voulez-vous aller faire en France ? Vous
pouvez congnaistre qu'il n'y a nul à présent de votre congnaissance. Combien
pensez-vous qu'il y a d'ans que vous êtes deçà ?

— Se dist Ogier, il y a vingt ans.

— Adonc, dist Morgue, mon ami, vous vous abusez, car il y a plus de deux
cents ans. De la lignée de Charlemagne ne y a pas ung, ne de votre congnaissance
aussi.

— Las ! Dame, se ung autre le me disait à peine le croirais-je, car d'ouïr ceci,
je ne fus jamais plus esbahi.

— Ogier, je vous dis vérité, ne de la lignée votre femme n'y a plus ; pourquoi
ja ne vous convient aller en France pour voir vos parents.

— Or me dites donc, s'il vous plait, qu'on fait en France pour le présent.

— Par ma foi, dit-elle, il n'y fait pas bon, car les payens ont tout gasté Romme
et l'ont toute évillée, et ont fait mourir le pape à grand tourment, puis ont gasté
toute Lombardie et une grande partie de France, et ont tellement besongné qu'ils
ont assiégé le roi de France devant Chartres, et ils ont une fois gaigné ceste ville.
Toute France est perdue, car toute la force et puissance du roy y est. Pourtant de
vous donner licence d'aller voir vos amis ce serait folie, car je vous jure qu'il y
a cinquante ans que de votre lignée n'est mémoire, ne du roy Charlemagne, ne
d'aucun qui fust en France. Mais s'il estoit ainsi que pour la foi de Jésus-Christ
vous print voulenté d'y aller, certainement je le voudrais bien, car vous y pourrez
acquérir grand mérite.

—À ceste cause, dist Ogier, je irai voulentiers, car autrefois leur ai-je mené bonne guerre et ferai encore, se Dieu me donne tant vivre, car je les hais mortellement.

—Et à ces paroles, lui dist Morgue, puisque vous avez si bon vouloir je vous ferai du bien, car je vous donnerai ce tison-ci sans allumer, et tandis que vous le porterez sans allumer vous vivrez toujours en bonne santé. Si vous le mettez au feu, aussitôt qu'il deffinera vous deffinerez. Or vous aurez un secret que jamais personne ne saura, si n'est de par vous, et ne le déclarez à personne, si ferez que sage. Si autrement le faictes, vous abrégerez votre vie.

De quoy Ogier la remercia grandement, et lui supplia de rechef de lui prêter le bon cheval Papillon et elle lui accorda.

Si demanda Ogier son haubert, son espée Courtain et tout son faict qui lui fut baillé. Puis Morgue lui dit :

—Ogier, mon ami, voici Benoist votre compagnon qui vous fera compagnie, car ung homme seul n'est rien.

Lors répondit Benoist :

—Ma Dame, voulentiers je l'accompagnerai, car je le congnais si vaillant et si noble que jamais ne l'abandonnerais pour mourir.

Dont Ogier le mercia grandement de son noble vouloir. Lors se fit armer à son compagnon Benoist, et quand tous deux furent armés Morgue embrassa Ogier, et le baisa tellement qu'elle ne le pouvait laisser.

Puis vint le cheval Papillon, si bien enharnaché qu'il ne lui fallait rien. Si lui dit :

—Papillon, tu sais que tu as été conquesté de par mon frère le roi Artus tandis que tu étais Luytôn, et jusqu'à deux cents ans tu dois être cheval, et lui servir toutes fois qu'il lui plaira et qu'il le souhaictera. Si souhaite que tu serves le plus veillant de toute chrétienté, et que tu lui fasses ne plus ne moins que tu ferais au roi Artus, et mieux se tu peux, car ton terme achevé tu auras la couronne, ainsi qu'elle t'a esté ordonnée.

Comment Ogier partit de Faérie avec son compagnon Benoist,
et comment ils arrivèrent près de Montpellier.

Lors Papillon ouyant Morgue ainsi parler fut très joyeux comme il montrait par ses signes, car il le venait côtoyant ainsi que se eut été un petit chien. Si se coucha à quatre pieds comme autrefois avait faict afin que Ogier montât sur lui. Puis toutes les dames vinrent à la départie d'Ogier par le commandement du roi Artus et de Morgue la Faée, et sonnèrent une aubade d'instru-ments, la plus mélodieuse chose à ouïr qu'on entendist jamais; puis l'aubade achevée chantèrent très mélodieusement, si qu'il semblait proprement à Ogier qu'il estoit en paradis. Et atant print congé de tous ceux de léans, et dist hautement que se ne eust été le grant oultrage que faisaient les païens en France, qu'il fust toujours voulentiers demeuré là dedans.

Adonc dit à sa dame Morgue la Faée:

— Madame, je vous prie qu'il vous plaise nous souhaicter quelque part en France, car je sais bien que vous avez puissance de faire plus fort que cela.

— À votre gré, dist-elle.

Adonc se print à le baiser très doucement et en le baisant se sourdit une nuée. Mais tout premier lui défendit qu'il ne decelast leur état ne aussi les dons qu'elle lui avait donnés, et qu'il tînt tout cela secret. Si lui promit que si ferait-il. Et atant la nuée les leva tous deux en l'air, si que nul d'eux ne peust estre vu ne aperçu de nully, et si soudainement furent les deux chevaliers portés en cette nuée, qu'ils vinrent arriver près d'une belle fontaine en un carrefour, et quand ils furent là arrivés, ils ne savaient par où ils étaient venus, en furent moult esmerveillés. Si advisèrent devant eux de grandes tours, par quoi congnurent que c'estoit une bonne ville, dont furent fort esbahis.

Et le chevalier Benoist dist:

— En effet, s'il me fallait retourner en Faérie, je ne saurais prendre mon che-min.

Adonc aperçurent un escuyer qui venait vers eux, et Ogier lui dist:

— Mon ami, quelle ville est cela que nous voyons?

— C'est Montpellier, dist l'écuyer [12].

---

[12] Voir *Appendice* C.

III

Telle est, d'après le roman, l'aventure d'Ogier le Danois chez Morgue, reine d'Avalon. Or cette conception des délices d'Avalon, selon l'auteur du roman, ne répond que fort médiocrement, il faut l'avouer, à la merveilleuse idée qu'on se forme de la demeure des Fées, de leur royaume, et de la félicité paradisiaque dont on y doit jouir. La tradition Arthurienne, non moins que la Féerie, nous apparaît ici comme en décadence, et déjà fort altérée. Combien plus me satisfont les descriptions qu'ont données de l'île d'Avalon Geoffroi de Monmouth et Usserius.

Morgue, dans son île enchantée où tous biens et toutes délices abondent, règne sur un essaim de Fées toutes plus belles les unes que les autres, et sur lesquelles la reine l'emporte en grâce et en beauté ; toutes pour se récréer s'appliquent à l'étude des sept arts libéraux, et nul ne les égale en science et en habileté, mais ce qu'elles préfèrent c'est le plaisir, la parure, les danses, la musique, les festins, les jeux, et elles passent joyeusement le temps sans ressentir jamais satiété.

Il semble bien que là devrait être le séjour du bonheur, et cependant l'auteur du roman vient, on ne sait pourquoi, troubler cette constante béatitude. Morgue, Artus, leurs invités et toute la phalange des Fées connaîtraient les tribulations comme les humains entassés dans la Vallée de larmes ; ils auraient à se défendre contre une troupe de *Luytons* jaloux de leur bonheur, qui veulent les expulser d'Avalon et qui, souvent même, malgré la vaillance d'Artus, remportent l'avantage dans leurs attaques contre le château. Il était bien temps que Morgue introduisît Ogier dans l'île, pour les mettre à la raison et rétablir enfin la paix. Mais le romancier, en imaginant que le royaume d'Avalon est troublé par une bande d'envieux malandrins, se met en contradiction avec toutes les croyances et toutes les traditions. Il n'y a ni guerres, ni dissensions, ni crainte, ni souci, ni tristesse, dans l'île Fortunée. Morgue n'y admet que ceux qui sont capables d'aimer beaucoup, et jamais le plus léger nuage n'assombrit leur félicité.

Le romancier a-t-il été mieux inspiré quand il nous raconte qu'un jour les *Luytons* dans l'assaut contre le château, se sont emparés de la basse-cour ? Ah ! pour le coup, voilà une révélation déplorable et qui me désenchante. Une basse-cour au palais cristallin des Fées ! Une basse-cour crottée, où mes yeux rencontrent des gallinacés, – vulgairement des poules, – becquetant des vers sur un tas de fumier ; et des palmipèdes, – lisez canards, – se vautrant dans une mare boueuse et nauséabonde ! Et les Fées, en souliers de satin blanc, s'en vont piétiner dans cet enclos marécageux, et y traîner la queue de leurs robes de gaze azurée ! Les voyez-vous parées comme des reines, ceintes de couronnes d'or, et travaillant comme mercenaires à balayer la basse-cour, à curer le joc aux poules et à vider la cabine des Leicesters, ainsi que fit Hercule pour les écuries d'Augias ! Est-il permis d'avilir ainsi la nature éthérée des Fées et de les souiller par le divertissement d'une basse-cour ! Quelle différence avec le tableau ébauché par Geoffroi de Monmouth et Usserius !

Avant de quitter ce sujet, on nous permettra de signaler certaines ressemblances que nous offrent les deux fragments ci-dessus, où sont racontés le séjour de Renouart et celui d'Ogier chez Morgue en Avalon. Renouart et Ogier sont tous deux de vaillants guerriers, et c'est fortuitement qu'ils sont amenés en Avalon. Chacun des deux auteurs nous décrit à sa manière les merveilles de l'île. Renouart est contraint par Artus de se battre contre un monstre, Kapalu, qui n'est autre qu'un chevalier enchanté. Celui-ci est vaincu, mais de telle sorte que l'enchantement cesse et qu'il reprend sa forme première. Vainqueur et conquis font alors la paix et s'embrassant en frères. De même, Ogier, après les doléances d'Artus, s'en va combattre la troupe provocante des Luytons. Capalin, leur chef, se rend à Ogier, et la paix succède à la guerre. Enfin, chacun des deux chevaliers obtient les faveurs de Morgue la Fée, Morgue la Belle.

IV

Cette île bienheureuse d'Avalon existe assurément quelque part en notre monde, puisque poètes et romanciers nous l'affirment. Tous nous avons le plus vif désir d'y aborder ; c'est l'unique but de nos efforts. Mais pour la trouver, vers quel point du ciel dirigerons-nous notre barque, quelle radieuse étoile nous montrera la voie ? Hélas ! les rivages de l'Ile Fortunée sont toujours restés invisibles aux navigateurs qui la cherchent vainement par l'étendue des mers.

Avalon, l'île Fortunée, est-ce quelqu'une du groupe des Canaries que visita saint Brendan au IVᵉ, siècle, et appelées primitivement les Iles Fortunées à cause de leur climat agréable, de leur sol fertile et de leurs productions abondantes et variées ? Cela n'est point improbable, et plusieurs sont enclins à admettre cette opinion, notamment A. Maury[13] : « C'est avec raison, dit-il, que Édouard Richer a soutenu que les îles bretonnes n'étaient autres que les Iles Fortunées des Anciens[14]. » On sait en effet que ceux-ci plaçaient aux extrémités occidentales du monde habité le séjour des âmes des bienheureux. Au-delà des régions occupées par l'homme et ses misères, ils supposaient des îles au climat délicieux, au printemps perpétuel, des jardins toujours garnis de fleurs et de fruits parfumés. C'étaient les Jardins des Hespérides, tout couverts d'orangers aux pommes d'or, et gardés par un dragon aux trois gueules vomissant des flammes, et qui tuait impitoyablement les curieux imprudents qui tentaient d'aborder, et malheureux que la tempête y poussait. Leur situation correspond assez bien à celle des Iles Canaries ou à celle des îles du Cap Vert. L'île d'Avalon avec ses pommiers en fleurs et inabordable pour les navigateurs, cet Elysée breton, ne rappelle-t-elle pas le Jardin des Hespérides ? – Pourtant, ces îles sont bien loin du champ de bataille de Camblan et des pays bretons.

Avalon serait-elle plutôt l'île de Mona (Anglesey) dans la mer d'Irlande ? Jadis couverte d'épaisses et obscures forêts, que César fit abattre, elle était un des principaux sanctuaires, un des célèbres collèges du culte druidique, et il y brûlait un feu perpétuel en l'honneur de Dianaff, le Dieu Inconnu. Elle devint l'asile des druides chassés des Gaules sous Tibère. Terre fertile et favorisée d'un doux cli-

---

¹³ Alfred Maury, *Les Fées au moyen âge,* Rééd. arbredor.com, 2007.
¹⁴ Édouard Richer, *Œuv. littér.,* t. V, p. 302.

mat, elle produit en abondance des plantes variées. Cette île, du moins, est dans les eaux bretonnes ; mais elle n'a jamais passé pour être la retraite des Fées.

Avalon ne serait-elle pas l'île de Sein, comme semblent croire bon nombre de commentateurs [15], estimant que les Fées bretonnes ont dû succéder aux neuf prêtresses gauloises et occuper leur résidence ? Mais, en vérité, l'île de Sein, pas plus que l'Ultime, la volcanique Thulé (l'Islande), qui elle aussi s'est mise sur les rangs, n'est une terre de délices, et s'il y pousse quelque chose, c'est plutôt du roc dénudé que des pommiers en fleurs, puisqu'il n'y a point d'arbres, ni en l'une ni en l'autre.

Si ce n'est Avalon elle-même, n'est-ce pas au moins le vestibule d'Avalon, cette île dont Ranulph Higden parle en cette façon : *affirmatum est a multis quod in boreali parte Hiberniæ* (l'Irlande) *sit insula viventium in qua nemo mori potest ; sed cum diutino detenti fuerunt languore, ad proximam deportantur insulam.* « Beaucoup affirment qu'au nord de l'Irlande il y a une île des vivants, où l'on ne peut mourir ; lorsqu'on languit trop longtemps, on vous transporte dans une île voisine [16]. »

Ce séjour cependant n'est pas aussi fortuné qu'on pourrait le supposer d'après ces quelques lignes, et ses habitants n'y sont pas fatalement immortels. Bien avant Higden, mort en 1363, Girald le Cambrien, mort en 1220, en a parlé d'une façon moins vague. Voici ce qu'il en a dit dans sa *Topographia Hiberniæ*, chapitre IV :

« De deux îles, dans l'une desquelles personne ne meurt ; dans l'autre n'entre aucun animal de sexe femelle.

« Il existe un lac dans le Nord du Munster (*contrée de l'Irlande*) contenant deux îles, l'une plus grande, l'autre plus petite ; la grande possède une église, lieu d'antique dévotion ; la petite n'a qu'une chapelle que desservent avec zèle quelques hommes vivant dans le célibat et qu'on appelle Cœlicoles ou Colidiens. Dans cette petite île, personne jamais ne meurt, jamais n'y est mort ou n'a pu mourir de mort naturelle : c'est pourquoi on l'appelle île des Vivants. Parfois, cependant, ils sont tourmentés bien durement par des maladies mortelles, et jusqu'au dernier soupir ils souffrent bien misérablement. Lorsque l'on croit qu'il n'y a plus d'espoir, et qu'il ne reste plus de vie qu'il soit désirable de vivre ; lorsque l'état s'améliorant, néanmoins ils resteraient si affligés qu'ils préféreraient mourir de mort, que de mener une vie de mourant ; au dernier moment, ils se

---

[15] DE LA RUE, par exemple, *Essais histor. sur les Bardes*, t. I, p. 63-64. – DE KERDANET, *Ecrivains de la Bretagne*, p. 2. – H. MARTIN, *Hist. de France*, t. III, p. 360, 4ᵉ éd., etc.
[16] RANULPH HIGDEN, *Polychronicon*, t. I, p. 360.

font transporter sur une petite barque dans la grande île, et dès qu'ils touchent la terre, ils rendent l'âme[17] ».

Aurons-nous trouvé l'île d'Avalon dans l'îlot qui porte le nom d'île d'Aval ou d'Avalon au voisinage de Lannion ? Non, pas davantage, car ne soyons pas dupes des mots. Cet îlot d'Avalon n'est qu'un rocher ; les Fées sans doute peuvent s'y trouver fort à l'aise ; mais pas plus qu'à Sein on n'y voit de pommiers fleuris ; il n'y a point d'arbres, mais tout au plus quelques broussailles. C'est donc un nom menteur.

La véritable Avalon serait-ce Oléron, comme le prétend un auteur anglais, Ritson[18], ou bien quelque autre des îles semées dans nos mers occidentales ? Faudrait-il l'aller chercher jusqu'au voisinage des rivages canadiens, à l'île de Terre-Neuve, dont une presqu'île porte le nom d'Avalon ? – Que les savants y voient.

Le roman d'Ogier le Danois laisse entendre, mais contre toute vraisemblance, que l'île d'Avalon se trouverait vers le golfe persique ou dans les mers des Indes. Mais c'est là une fantaisie de romancier ignorant des plus simples convenances, comme des plus élémentaires notions de la géographie du monde arthurien. Ces régions des mers des Indes en sont tout à fait en dehors. Certains abréviateurs du même roman, j'ignore d'après quelles variantes, placent notre île quelque part dans la Méditerranée[19]. Mais ce lac de l'ancien monde gréco-romain, qu'a-t-il de commun avec l'océan sans fin des rivages bretons. Laissons-lui la déesse Calypso avec son île, Ulysse, Télémaque et Mentor ; mais à nous la mystérieuse Avalon, ce jardin de délices caché dans la mer immense, et dont le Colomb est encore à venir. À nous les Fées, à nous Morgane, Artus, Barinthe, Taliésin, et tous ces personnages dont les noms imprégnés du parfum breton nous enchantent[20].

---

[17] *Topographia Hiberniæ, Sylvestro Giraldo Authore. Secunda distinctio : De mirabilibus Hiberniæ,* cap. IV. – Dans *Anglica, hibernica... a veteribus scripta,* par Guill. Camden, p. 716.

[18] D'après une note du *Roman de Brut,* édité par LE ROUX DE LINCY, t. II, p. 52 et 230.

[19] DE TRESSAN, *Œuvres,* t. III, p. 479 et suiv. – *Bibliothèque universelle des Romans.* Février 1778, p. 137 et suiv.

[20] Voir *Appendice D* (Froissard).

V

Et si cette fameuse Avalon qui nous échappe dans les mers, était une île bien enracinée en terre ferme, une île dans une autre île, la ville de Glastonbury par exemple, au comté de Somerset, en Albion, en face des rivages Armoricains? – Ce recel, direz-vous, serait une perfidie de plus à mettre au compte de celle-ci. – Cela cependant pourrait bien n'être point improbable; c'est même ce que disent et veulent nous faire croire de vieux auteurs.

Girald le Cambrien (XIIe siècle), indique en ces termes la situation d'Avalon et l'origine de son nom.

«Glastonia (Glastonbury), est appelée une île, parce qu'elle est entourée de toutes parts d'un marais profond; on l'appellerait plus justement terre fluviale, parce qu'elle est située au milieu d'un fleuve, de même qu'on appelle plutôt îles, les terres qui émergent au milieu de l'eau salée, c'est-à-dire au milieu de la mer. Elle est aussi nommée Avalon, du mot breton Aval, qui signifie pomme, parce que ce lieu abonde en pommiers et en arbres fruitiers; ou d'un certain Avalon qui s'empara de cette terre. Primitivement les Bretons l'appelaient Inis Gwydrin, c'est-à-dire: île de verre, île vitrée, à cause de la couleur vitrée des eaux du fleuve qui entoure ce marais. C'est pourquoi lorsque les Saxons ensuite s'en emparèrent, ils la nommèrent dans leur langage Glastonia, car Glas en anglais ou en saxon signifie verre».

On voit par là, ajoute Usserius, qui a transcrit ce passage de Girald, on voit pourquoi ce lieu est appelé une île, pourquoi Avalon et pourquoi Glastonia[21].

Les poètes, dit Usserius, se donnent toute licence. L'un d'eux s'est permis de transporter au milieu de l'Océan, cette île fluviale d'Avalon, et il l'a chantée dans ses vers comme une de ces îles Fortunées desquelles Horace a dit au livre des *Épodes*, ode 16:

Nos manet Oceanus circumvagus: arva, beala
Pelamus arva, diviles et insulas[22].

---

[21] GIRALD, *Specul. ecclesiast.*, distinct. II, cap. IX. – *Giraldi Cambrensis opera,* édit. de J. S. BREWER, 1861, t. IV, p. 49, et dans USSERIUS, Britannicar. *Ecclesiar. Antiquitates…*, edit. secunda, Londini, MDCLXXXVII, p. 273. – Voir Appendice *E.*

[22] USSERIUS, *Britannic. Eccles. antiquitates*, editio secunda, Londini, MDCLXXXVII, p. 273

Usserius décrit ainsi le site d'Avalon.

« *Erat quædam regalis in confinio West-Saxonum insula, antiquo vicinorum vocabulo Glastonia nuncupata; latis locorum dimensa finibus, piscosis aquis stagneisque circumdata fluminibus, et plurimis humanæ indigentiæ apta usibus, atque sacris (quod maximum est) Dei dicata muneribus* [23] ».

Voici un extrait d'un savant antiquaire anglais, Cambden (XVIe siècle), qui ajoute certains détails touchant cette île d'Avalon.

« Le fleuve Porret se jette dans une large baie formée par la Saverne…

« Dans le même estuaire, nous trouvons une autre rivière qu'on appelle Brius, et qui sort d'une spacieuse forêt sise dans la partie orientale de ce comté (Somerset)…

« Cette rivière passe d'abord par Bruiton et lui donne son nom. C'est un endroit fameux par les tombeaux des Moines qui bâtirent là un monastère. Coulant plus loin, elle ne traverse que de petits villages, s'accroît de quelques ruisseaux et arrose des champs très fertiles. Enfin, trouvant une terre plus grasse, elle semble s'arrêter (former un étang) et environne une île appelée d'abord Avalon, parce qu'elle abonde en pommiers, puis Inis Witin, c'est-à-dire Ile de Verre, et au même sens Glarzn-Cy, et des Latins Glasconia. Un ancien poète (Geoffroi de Monmouth) l'a célébrée en ces vers.

Insula pomorum quæ Fortunata vocatur, etc. [24]

« Là se trouve le monastère de Glassenbury, (Glastonbury), qui est très ancien, et dont la fondation remonte à Joseph d'Arimathie, celui qui mit au tombeau le corps de Jésus-Christ et que Philippe, l'apôtre des Gaules, envoya en Bretagne pour prêcher l'Évangile [25]. »

En effet, d'après les traditions du pays de Galles, ce monastère aurait été construit sur l'emplacement d'un oratoire que Joseph d'Arimathie, fuyant la persécution des Juifs et étant venu en Bretagne, avait élevé en ce lieu. Il apportait avec lui quelques gouttes du sang qui avait coulé de la plaie faite au côté de Jésus-Christ, et qu'il avait recueillies dans le vase où Jésus avait fait la Cène avec

---

[23] USSERIUS, Britannic. *Eccles. antiquitates,* Dublini, CIƆ IƆ.C.XXXIX, chap. VI, p. 107

[24] Voir *Appendice A.*

[25] *Camden's Britannia* newli translated into English, publish'd by Edmund GIBSON. London, 1695, col. 62, 63, 64. – Sur le monastère de Glastonbury, dans l'île d'Avalon, voir GUILL. DE MALMESBURY, *De Antiquitate Glastoniensis Ecclesiæ.*

ses disciples. – Patrice, l'apôtre de l'Irlande, aurait mené, durant trente ans, la vie monastique en ce lieu.

Quand la primitive église bâtie par Joseph d'Arimathie eut été ruinée par le temps, Devi, évêque de Saint-David, la remplaça par une autre. À la fin, Ina, roi de Wessex (688-723), la démolit pour reconstruire une magnifique église dédiée au Christ, à saint Pierre et à saint Paul. – Dunstan introduisit des Bénédictins en ce lieu et fut le premier abbé de ce vaste établissement. «Ces moines, par la générosité des princes pieux, acquirent de telles richesses, qu'elles surpassèrent celles des rois. Quand ils eurent, pendant environ six cents ans, vécu ainsi en grande abondance, car tout le voisinage était sous leur suzeraineté, ils furent chassés par Henri VIII, et le monastère qui par degrés était devenu une petite ville, fut démoli et rasé ; ses ruines témoignent combien il était magnifique [26]. »

Ajoutons que le roi Henri VIII s'empara des immenses trésors accumulés dans l'abbaye, et l'abbé, soupçonné d'en avoir voulu sauver une partie, fut, par ordre du roi, écartelé devant la porte du monastère (1538)[27].

Dans la crypte souterraine de l'église existait une fontaine, primitivement consacrée aux idoles, mais qui fut dédiée à saint Joseph d'Arimathie [28]. Cette abbaye était devenue la sépulture des rois bretons.

Notre bon roi Arthur avait augmenté de vingt-quatre moines le nombre des religieux de Glastonbury, et leur avait attribué des terres et de l'argent pour subvenir à leur entretien. – Voici en quelle occasion cela fut fait.

«L'histoire du très illustre roi Arthur raconte qu'à certaine fête de la Nativité de Notre Seigneur, à Karlion, il avait décoré des insignes militaires, un intrépide jeune homme nommé Ider, fils du roi Nuth. Pour lui donner l'occasion de faire ses preuves, il l'avait conduit sur la montagne de *Ranarum*, appelée à présent Brentenol, où il avait appris que se trouvaient trois géants bien connus par leurs méfaits, afin qu'il les combattît. Le débutant prit les devants sur Arthur et ses compagnons, qui n'en savaient rien, il attaqua courageusement les géants et les tua dans un admirable combat. Arthur arrivant après cette besogne, trouve Ider succombant à cet excès de fatigue, et étendu sans connaissance et sans mouvement ; et le voyant comme mort, Arthur et les siens se lamentent. Retournant donc à son palais, rempli d'une indicible tristesse, il abandonne le corps qu'il pensait inanimé, pour envoyer un chariot qui le rapportât. Il se croyait la cause de sa mort, parce qu'il avait tardé de venir à son secours. Et lorsqu'il arriva à

---

[26] *Ibid.*
[27] DE MONTALEMBERT, *Moines d'Occident*, t. III, p. 28.
[28] ALF. MAURY, *Les Fées au moyen âge*, rééd. arbredor.com, 2007.

Glastonia, il y institua vingt-quatre moines pour son âme, et leur accorda largement des terres et des biens pour leur subsistance, de l'or, de l'argent, des calices et autres ornements ecclésiastiques ».

(GUILLAUME DE MALMESBURY. – Voir *Appendice F.*)

VI

Eh quoi! cette presqu'île marécageuse formée par les eaux stagnantes d'une petite rivière inconnue, au beau milieu du comté de Somerset, à laquelle vous abordez à pied sec, en passant sur une planche l'endroit bourbeux, sautillant de roche en roche, et vous embarquant tout au plus dans une paire de sabots, cela serait une île, et l'île Fortunée, l'île aux pommiers fleuris, l'île des Fées, l'île d'Avalon! Je n'y puis croire, le contraste serait trop heurté, cette désillusion m'accablerait. Quoi! c'est là cette île invisible, introuvable pour les simples mortels, fermée à leur accès, bien qu'elle soit là devant vous, au milieu du fleuve, invitant les enfants à la maraude par ses vergers couverts de fruits, excitant les rois au pillage par l'appât des riches trésors accumulés dans l'abbaye? Ce serait là cette île secrète dont quelques navigateurs privilégiés seuls connaissent la route, et défendue par des bancs d'écueils, où périssent sans retour les téméraires qui tentent d'approcher? Comment! voilà la terre lointaine séparée de nos rivages par une mer sans fin, à laquelle malgré l'habileté de Merlin et de Taliésin, ces deux bardes qu'éclaire une intuition transcendante, le roi Arthur, l'ami des Fées, le frère de la puissante Morgen reine d'Avalon, n'aurait pu aborder, si Barinthe lui-même n'eût dirigé la barque, Barinthe,

Æquora cui fuerunt et cœli sidera nota,

Barinthe, l'insulaire expérimenté, qui passa sa vie à sillonner les mers, qui savait lire sa route dans les cieux, et par lequel le saint moine Brendan «qui par la mer sept ans alla» apprit la route des Îles Fortunées et du Paradis Terrestre, dont on lui fit faire une belle description posthume!

Non, cette Glastonbury n'est qu'une fausse Avalon; ce n'en est pas même le mirage trompeur. Ce n'est pas là que règne Arthur, le roi des Fées; là n'est pas proche des murs du saint et rigide monastère, le palais enchanté de Morgen et de ses voluptueuses compagnes! Continuons de chercher, s'il nous reste encore un peu de foi, mais après tant d'autres, n'espérons guère de trouver par l'immensité des mers les rivages de la véritable Avalon. Cette île de délices, séjour bienheureux d'êtres ennoblis de qualités surhumaines, ne serait-elle pas en des régions meilleures, au-delà de notre terre gémissante? Ou plutôt ne serait-elle qu'un mythe consolateur, qu'une attrayante, mais vaine et décevante illusion, comme l'espoir de la félicité parfaite ici-bas?

APPENDICES

À

INSULI FORTUNATA

Insula pomorum quæ Fortunata vocatur,
Ex re nomen habet, quia per se singula profert :
Non opus est illi sulcantibus arva colonis ;
Omnis abest cultus nisi quem natura ministrat :
Ultro fœcundas segetes producit et uvas,
Nataque poma suis prætonso germine silvis ;
Omnia gignit humus vice graminis ultro redundans.
Annis centenis aut ultra vivitur illic,
Illic jura novem geniali lege sorores
Dant his qui veniunt nostris ex partibus ad se :
Quarum quæ prior est fit doctior arte medendi ;
Exceditque suas forma præstante sorores ;
Morgen ei nomen, didicitque quid utilitatis
Gramina cuncta ferant, ut languida corpora curet ;
Ars quoque nota sibi qua scit mutare figuram,
Et resecare novis quasi Dœdalus aera pennis ;
Cum vult est Bristi, Carnoti, sive Papiæ,
Cum vult in nostris ex aere labitur horis.
Hancque mathematicam dicunt didicisse sorores,
Moronoe, Mazoe, Gliten, Glitonea, Gliton,
Tyronoe, Thiten, cithara notissima Thiten.
Illuc post bellum Camblani, vulnere læsum
Duximus Arcturam, nos conducente Barintho
Æquora cui fuerant et cœli sidera nota.
Hoc rectore ratis, cum principe venimus illuc,
Et nos quo docuit Morgen suscepit honore,
Inque suis thalamis posuit super aurea regem
Strata, manuque sibi detexit vulnus honesta,
Inspexitque diù ; tandemque redire salutem

Posse sibi dixit, si secum tempore longo
Esset, et ipsius vellet medicamine fungi.
Gaudentes igitur regem commisimus illi,
Et dedimus ventis redeundo vela secundis.

GEOFFROI DE MONMOUTH [29]

---

[29] *Vita Merlini Caledoniensis*, éditée par Francisque Michel. Paris, 1837, p. 36 et 37, vers 909 à 941.

B

USSERIUS. INSULA AVALLONIA.

Cingitur Oceano memorabilis insula, nullis
Desolata bonis; non fur, nec prædo, nec hostis
Insidiatur ibi; nec vis, nec bruma, nec æstas

IMMODERATA FURIT; PAX ET CONCORDIA, PUBES

Ver manet æternum, nec flos nec lilia desunt,
Nec rosæ, nec violæ; flores et poma sub una
Fronde gerit pomus; habitant sine labe cruoris
Semper ibi juvenes cum virgine, nulla senectus
Nullaque vis morbi, nullus dolor, omnia plena
Lætitiæ; nihil hic proprium communia quæque.
Regia virgo locis et rebus praesidet istis,
Virginibus stipata suis pulcherrima pulchris;
Nympha decens vultu, generosis patribus orta,
Consilio pollens, medicinae nobilis arte.
At simul Arthurus regni diadema reliquit,
Substituitque sibi regem, se transtulit illic,
Anno quingeno quadragenoque secundo
Post incarnatum sine patris semine natum.
Immodice læsus Arthurus tendit ad aulam
Regis Avallonis: ubi virgo regia, vulnus
Illius tractans, sanati membra reservat
Ipsa sibi: vivuntque simul si credere fas est.

USSERIUS, *Britannicarum Ecclesiarum antiquitates*[30].

---

[30] Editio secunda. Londini, MDCLXXXVII, in-fol., chap. XIV, p. 273.

C

LE ROMAN D'OGIER

Ce fragment est extrait du livre intitulé :

« *Ogier le Danois*, duc de Danemarche, qui fut l'ung des douze pers de France, lequel avec l'aide du roy Charlemagne chassa les payens de Rome et remit le pape en son siège… fut couronné roy d'Angleterre et conquit Jérusalem, et fut longtemps en faérie, puis revint, comme vous pourrez lire ci-après en ce présent livre.

On les vend à Lyon, en la maison de Claude Nourry. » (Petit in-folio sans date ni pagination.)

Ce livre est attribué à Adenez Leroy.

Il existe plusieurs éditions du célèbre roman d'Ogier le Danois. – Le comte de Tressan, *Œuvres*, t. III, MDCCCXXII, p. 422, et la *Bibliothèque universelle des Romans,* février 1878, p. 71, en ont donné un abrégé. Les récits qu'on y lit du séjour d'Ogier chez Morgane, à l'île d'Avallon, diffèrent notablement de celui que j'ai transcrit ci-dessus. Je ne sais à quelle édition ils ont été empruntés. L'abrégé qu'on trouve dans la nouvelle Bibliothèque Bleue (1859), paraît avoir été fait sur l'édition de laquelle a été extrait le fragment ci-dessus.

D

L'ILE DE CÉPHALONIE

Le chroniqueur J. Froissard relate touchant l'île de Céphalonie qu'il appelle Chifolignie, certaines particularités merveilleuses qui en feraient presque une sorte d'Ile d'Avallon.

Voici ce qu'on y lit :

... De là ils vinrent cheoir en l'isle de Chifolignie, et là ancrèrent ; puis ils issirent hors des galères, et trouvèrent grand nombre de Dames et de Damoiselles, qui demeurent en la dite isle, et en ont la seigneurie et domination ; lesquelles reçurent les Seigneurs de France à grand joie, et les menèrent ébattre tout parmi l'isle qui est moult belle et plaisante. Et disent et maintiennent ceux qui la condition de l'isle connaissent, que les Fées y conversent et les Nymphes ; et que plusieurs fois les marchands de Venise, de Gênes et des autres terres (qui là, arrivaient et qui y séjournaient un peu de temps, pour les fortunes qui sur la mer étaient) les apparences bien en voient, et en vérité les paroles, qui dites en sont, éprouvaient. Moult se contentèrent le comte de Nevers et les Seigneurs de France des Dames de Chifolignie, car joyeusement elles les recueillirent, et leur dirent que leur venue leur avait fait grand bien, pour cause de ce qu'ils étaient Chevaliers, hommes d'honneur et de bien ; car on n'a pas accoutumé (si ce ne sont marchands) aller, ne converser entre elles.

Or me pourrait-on demander ainsi, si l'isle de Chifolignie n'est habitée que de femmes. Si est ; mais les femmes en sont ainsi que souveraines Dames et maîtresses ; pourtant qu'elles ouvrent en ouvrage de la main, et tissent, et font les draps de soie si subtils et si bien, que nul ouvrage, tant que de telles choses, n'est pareil au leur ; ne les hommes de la dite isle ne savent riens faire, mais au dehors ils les portent vendre, là où mieux ils en cuident faire leur profit, et les femmes demeurent en la dite isle. Et les honorent les hommes, pour la cause que je vous ai dit ci-devant, et qu'elles ont chevance (terres, biens) et finance à moult grand plenté.

Et est ceste isle de telle condition que personne du monde ne l'oserait approcher pour aucun mal y faire, car qui y essaierait, il périrait. Et tout ce a été vu et éprouvé ; et pour ce demeurent ainsi les Dames en paix. Et ne se doutent de nulluy; et avec ce elles sont douces et amiables femmes, et humbles à merveilles, sans malice. Et quand elles veulent bien à certes, elles parlent à Fées et sont en leur compaignie.

J. FROISSARD, *Chroniques*[31]

---

[31] Volume IV, chapitre LXXXVIII. Édit. de Denis Sauvage. Lyon, MDLX, p. 284, 285.

E

GLASTONIA.

Glastonia dicta est insula quoniam marisco profundo undique est clausa: quæ mediamnis magis proprie diceretur quasi mediis scilicet amnibus sita, sicut melius insulæ dicuntur quæ in salo, hoc est in mari, sitæ nascuntur. *Avalonia* vero dicta est, vel ab *Aval* Britannico verbo quod pomum sonat, quia locus ille pomis et pomariis abondare solet; vel ab *Avalone* quodam territorii illius quondam dominatore. Item solet antiquitus locus ille britannice dici *Inys Gwydzin,* hoc est insula vitrea, propter amnem scilicet, quasi vitrei coloris, in marisco circumfluentem: et ob hoc dicta est post modum a Saxonibus terram occupantibus linguâ eorum Glastonia. « *Glas* enim anglicè vel saxonice *vitrum* sonat »

Giraldi Cambrensis Speculum Ecclesiasticum[32]

Patet ex his igitur quare insula et quare Avallonia et quare Glastonia dicta.

Usserius, *Britannica Ecclesiast. Antiquitates*[33].

---

[32] distinct. Secunda, cap. IX. Edit. de J. S. Brewer (1861), t. IV, p. 49.
[33] Editio secunda, Londini (1687), p. 273.

F

DE ILLUSTRI ARTURO

Legitur in gestis illustrissimi regis Arturi quod cum in quadam festivitate natalis Dornini apud Karlium, strenuissimum adolescentem, filium scilicet regis Nuth, dictum Ider, insigniis militaribus decorasset, et eundem experiendi causa in montem Ranarum, nunc dictum Brentenol, ubi tres gigantes malefactis famosissimos esse didicerat, contra eosdem dimicaturum duxisset; idem Tiro Arturum et suos comitantes ignorantes præcedens, dictos gigantes fortiter agressus mira cæde trucidavit, quibus peremptis Arturus adveniens, dictum Ider nimio labore deficientem, et sui omnino impotem in extasi collapsum inveniens, eundem quasi defunctum, cum suis lamentabatur. Rediens ergo ad sua cum ineffabili tristitia, corpus quod exanime existimabat, ibidem reliquit, donec vehiculum ad illud reportandum illuc destinasset. Sese etiam necis ejus causam reputans, quia tardius ad auxilium ejus venerat, cum demum Glastoniam adveniret, ibidem quatuor viginti monachos pro anima ejusdem instituit, possessiones et territoria ad eorurn sustentationem, aurum et argentum, calices et alia ornamenta Ecclesiastica largiens abundanter.

GULIELMUS MALMESBURIENSIS[34]

---

[34] Guillaume de Malesbury, *De Antiquitate Glastoniensis Ecclesiæ.* THOM. GALE, t. I, p. 307 et 326.

Table des matières

L'ÎLE D'AVALON

I. 4
II. 11
III. 22
IV. 24
V. 27
VI. 31

APPENDICES

À — Insuli Fortunata 33
B — Usserius. Insula Avallonia. 35
C — Le Roman D'Ogier 36
D — L'Ile de Céphalonie 37
E — Glastonia. 39
F — De Illustri Arturo 40